UN HORRIBLE

CAUCHEMAR

POLITIQUE

PARIS

CHEZ E. DENTU, 15-17-19, Galerie d'Orléans

1888

UN HORRIBLE CAUCHEMAR

POLITIQUE

Depuis quelque temps, je ne puis m'endormir sans être hanté par des cauchemars plus horribles les uns que les autres. C'est une maladie mortelle contre laquelle les médecins ne connaissent d'autre remède que l'absence de tout sommeil, autant dire l'absence de toute vie. Je m'y attends, car, même en plein jour et après des efforts surhumains, pour ne pas m'endormir, ces cauchemars me poursuivent et me donnent des palpitations de cœur.

Or, hier, après avoir lu les journaux de Paris que je lis presque tous, seul moyen que j'ai trouvé pour me procurer une demi-heure de sommeil, j'ai eu un horrible cauchemar qui a failli me coûter la vie.

On sait que, dans les rêves, toutes les lois de la nature se trouvent interverties ou boulevesées. On est à la fois à Paris, à Londres et à Saint-Pétersbourg. On se voit mourir et on s'enterre soi-même pour ressusciter dix minutes après. Moi, particulièrement, dans les rêves, je me sens des ailes et je parcours en volant d'immenses espaces, parfois, en passant par-dessus la flèche de Notre-Dame pour aller m'asseoir sur la plate-forme de la cathédrale de Strasbourg. Rien n'est impossible dans un rêve! Ce n'est point ici le lieu d'entrer dans de longs développements au sujet des rêves, pour apprendre d'où ils viennent et où ils vont. Il est certain qu'il est des rêves prophétiques. La plupart des visions d'hommes de génie ne leur sont venues qu'en rêve. C'est en rêve que les grands hommes ont vu et voient encore Dieu! C'est dans des demi-sommeils léthargiques que les grands poètes font leurs plus beaux vers et que les grands musiciens chantent leurs plus belles mélodies.

Loin de moi de prétendre que la prophétie divine entre pour quelque chose dans mon cauchemar.

L'histoire, qui est une succession forcée d'événements logiques et naturels, peut bien se prévoir en bloc, mais jamais dans tous ses détails. L'esprit de l'homme est trop borné, même en rêve, pour voir à la fois toutes les faces d'un événement. Dieu seul se voit dans toutes ses parties sans commencement et sans fin. Je ne sais s'il y a quelque chose de vrai dans mon cauchemar. Tout ce que je puis assurer, c'est la réalité du cauchemar même. Il m'a tellement obsédé et bouleversé que, pour me réveiller, j'ai poussé un cri si terrible que mes domestiques effrayés sont accourus de différentes chambres assez éloignées de la mienne et qu'ils m'ont trouvé gisant presque sans connaissance sur le parquet de ma chambre, les membres palpitants et les yeux remplis de larmes. Ce cauchemar, le voici !

La Chambre des députés s'assemblait. Je voyais arriver les députés, dont quelques figures m'étaient connues, et pénétrer dans la salle, non un à un, mais par groupes, tous gesticulant et parlant sans que je pusse saisir un mot de ce qu'ils disaient.

Les tribunes étaient bondées d'hommes et même de femmes. J'y reconnus distinctement la tête et surtout le nez de Naquet, qui se tenait au premier rang à côté d'autres à moi inconnus, gesticulant également mais sans parler.

Dans un clin d'œil, tous les sièges de l'Assemblée étaient occupés. Après quelques paroles prononcées par le président, conseillant aux députés d'oublier leurs divisions de parti et d'unir leurs forces pour sauver la République, au nom du salut de la patrie, la session ayant été déclarée ouverte, un long député, je crois que c'était M. Ribot, s'avança, monta à la tribune et, après une courte allocution, demanda le rétablissement du scrutin d'arrondissement, aux applaudissements des centres de la Chambre, suivis de marques de désapprobation par la droite et par une partie de l'extrême gauche.

Dans ce moment, une grande rumeur s'éleva dans la Chambre, on eût dit un coup de vent remuant toutes les têtes d'arbres d'une forêt.

En même temps que les murmures de cette rumeur parvenaient à mes oreilles, mes yeux virent arriver dehors la Chambre un landau dans lequel se trouvait le général Boulanger, ayant à sa droite Rochefort et à sa gauche Déroulède et suivi d'un tas de gueulards, criant Vive Boulange! C'est Boulange qu'il nous faut! A bas Ferry! Cette rumeur fut suivie d'un grand silence solennel. Je vis le général lui-même s'avancer, comme un grand comédien faisant son entrée à la scène et surveillant ses pas, monter à la tribune, prendre une petite liasse de petits papiers et commencer une allocution... A peine eut-il prononcé quelques mots, que j'entendis des exclamations voltigeant dans l'air et dont je ne pus saisir que les mots : convulsionnaires! valétudinaires! je crois même avoir entendu le mot crétins!

Quand soudain un député, en secouant ses

cheveux comme une crinière de lion, je croyais d'abord que c'était Clovis Hugues, mais ce n'était pas lui, et s'écriant : Il ne s'agit pas de cela. Il faut en finir ! enjamba la tribune en criant : Canaille ! traître ! dictateur !

En un clin d'œil, repoussant en même temps quelques députés qui voulaient l'empêcher d'arriver jusqu'au général, il le prit par les deux jambes, le souleva comme une plume et le jeta par-dessus la tribune comme une masse de chair humaine sur la tête de deux ministres qui siégeaient devant la tribune !

Impossible de décrire les différents mouvements plus désordonnés les uns que les autres de la Chambre, suivis de cris, de hurlements, de menaces, de mugissements et de prises de corps.

Pareille tempête, je n'en ai jamais vu ! La mer, soulevée par un ouragan et fouettant de ses vagues toute une flotte de cuirassés, n'est qu'une faible image comparée au cyclone humain balayant la Chambre. Pourtant, à peine le général gisant par terre, je vis quelques députés le foulant aux pieds, piétinant sur son corps et criant à bas le dictateur ! mort au traître ! cris mêlés de vive la République ! Dans ce moment, toute la droite se souleva et se leva pour venir au secours de son général, de son sauveur. Il y eut une mêlée universelle, et je ne voyais plus que des revolvers brandis dans l'air et je n'entendais plus que de petits coups saccadés, se suivant comme par une mitrailleuse. Je crus distinguer le corps athlétique de Cassagnac, serrant la gorge de Clémenceau et qui tomba percé de quatre coups de poignard entraînant Clémenceau dans sa chute. Je voyais M. Scheurer-Kæstner aux prises avec Floquet, qu'il allait étrangler pour l'avoir révoqué et Floquet mâchonnant de ses dents la barbe carrée et flottante de son adversaire. Ils tombèrent tous deux à côté de Clémenceau. Dugué de La Fauconnerie faisait merveille comme les chassepots. Il avait déjà renversé et mis sous ses pieds plusieurs membres de la gauche, entre autres Pelletan et Félix Pyat, ce dernier gesticulant des bras et finissant par ne plus donner signe de vie, quand le champion de la droite tomba frappé par une balle dans le dos envoyée à bout portant par Michelin. Je vis, dans ce moment, le corps de Naquet soulevé dans la tribune par deux gaillards, faire un tourbillon dans l'air et tomber sur l'antisémite Freppel, ami et protecteur de Drumont, qu'il tua du coup, tout en restant lui-même mort sur place. Toute la Chambre ressemblait en deux minutes à un champ de bataille, jonché de morts et de blessés, ruisselant de sang et de débris humains !

Dans ce moment, une foule déguenillée envahit la salle, en poussant des cris de bêtes féroces et en brandissant, les uns des bâtons, les autres des revolvers, d'autres encore des sabres et des lances. Comme par un mouvement électrique, tous les députés avaient disparu, les uns courant au Sénat, les autres se rendant aux ministères et à l'Hôtel de Ville, où le Conseil municipal se réunissait pour proclamer la Commune. Comme une traînée de poudre ayant pris feu, la nouvelle se répandit à Paris qu'il y avait une bataille sanglante à la Chambre, et qu'on comptait déjà cinquante morts et cent blessés, au nombre desquels on nommait trois ministres. Dans un clin d'œil, toute la population de Paris était debout dans les rues, prête à se battre, les uns contre, les autres pour Boulanger. La nouvelle de sa mort s'était répandue, mais on ne voulut pas y croire. Il n'y avait nulle part une trace d'un gouvernement quelconque. Les étudiants du quartier Latin, les élèves de l'École polytechnique descendaient sur la rive droite en criant : Mort aux boulangistes! et en se ruant sur plusieurs attroupements de camelots, de marmitons et de garçons limonadiers criant : Vive Boulange! A bas Ferry! A bas les ferrystes!

Comme le mouvement bourgeois se dessinait plutôt contre qu'en faveur de Boulanger, les deux ministres qui s'étaient sauvés de la Chambre faisaient les morts, et, après une courte délibération, ils se décidèrent à laisser passer la justice du peuple et ne donnèrent aucun ordre ni à la police ni à l'armée. Le Sénat, après une courte séance, se retira en masse à Versailles et en y appelant l'armée pour sauver la République.

Bientôt les cris de mort à Boulanger! firent place aux cris de *Mort aux blancs! Mort aux noirs!* (les blancs, c'étaient les légitimistes; les noirs, les bonapartistes) mêlés d'autres cris : Mort aux riches! Mort aux juifs! La foule ameutée se voyant maître de la ville, après avoir démoli les bureaux et l'imprimerie de l'*Intransigeant*, de la *Cocarde* et de la *Presse*, se dirigea vers la Banque de France, qu'elle mit en feu, vers la banque de Rothschild, dont les employés se défendaient comme des héros en tuant une centaine d'agresseurs. Le ministère des finances avec le grand-livre furent livrés aux flammes. On ne tuait pas, on pillait, on brûlait en criant : A bas le dictateur! Pas de despotisme! Pas de césarisme! Vive la liberté!

Ce voyant, le Conseil municipal, en l'absence de tout gouvernement régulier, se constitua en gouvernement provisoire sous le nom de

Protectorat! Hovelaque, à cause de sa laideur, fut nommé *Protecteur*.

On ramassa les débris des anciens sergots, car l'armée était à Versailles, pour former une espèce de police. On ne laissait plus brûler que les couvents. On ne démolissait plus que les églises, les synagogues et les séminaires. On ferma les portes de Paris. Nul ne pouvait ni sortir ni entrer sans un permis du Protectorat signé Hovelaque. Le Président de la République, pendant ce temps, se promenait en province sous des arcs de triomphe, prêt à assister au dévoilement d'une nouvelle statue érigée en l'honneur d'un treizième sauveur de la République. Finalement, ayant appris qu'il y avait quelque chose à Paris, il partit, mais, n'étant pas muni d'un certificat de civisme signé Hovelaque, on ne le laissa pas entrer dans la ville. Il s'arrêta à Versailles, où il se mettait à la disposition de M. Le Royer, président du Sénat.

Plusieurs dépêches, affichées aux murs de Paris, annonçaient que Lyon, Bordeaux, Marseille, Rouen, Toulouse et Nantes étaient en pleine révolution. Le peuple, ayant appris le soulèvement de la population de Paris contre les boulangistes et aussi la déroute de ces derniers, faisait partout chasse à tous ceux qui étaient soupçonnés d'être du parti vaincu. A Paris, on n'avait pas tué, mais en province, non seulement on faisait main basse sur toute propriété mobile des royalistes et des bonapartistes, mais on tuait, on massacrait toute personne soupçonnée d'avoir été favorable à Boulanger. Comme à Paris, l'autorité provinciale laissa faire, laissa passer l'ouragan populaire. Tous les couvents furent brûlés. Toute maison de campagne habitée par des bourgeois connus pour leurs sentiments antirépublicains fut pillée, dévastée, livrée aux flammes, et leurs habitants furent massacrés ! Plusieurs églises furent démolies! Tous les archevêchés et évêchés attaqués furent incendiés. Les victimes sont innombrables. Partout les ouvriers et la petite bourgeoisie des bourgs et des villes se sont formés en hordes et en cohortes, et vont de ville en ville propager le pillage, l'incendie et la mort. Dans plusieurs provinces, les paysans se sont assemblés pour s'opposer à ces déprédations et à ces barbaries anarchiques, mais, n'ayant pas d'armes, ils sont impuissants pour lutter contre ces flots de revolvers sur leurs têtes. Il y avait des escarmouches de guerre civile, où l'on ne faisait de quartier ni d'un côté ni de l'autre !

Dans les environs de Nantes, une centaine d'ouvriers révoltés, tombés, furent horriblement mutilés par les faux et les fourches des paysans. A l'instant, la nouvelle arrive que plusieurs régiments de cavalerie, au lieu d'obéir au général en chef nommé par le Sénat, se sont révoltés aux cris de : Vive le roi! Mais on apprend en même temps que dans un régiment de dragons, au moment de se mettre en route contre les ouvriers soulevés, tous les officiers ont été massacrés par les soldats mutinés, qui se sont débandés en criant : Vive la Sociale!

On avait dit que le comte de Paris était à la tête d'un autre régiment de cavalerie et qu'il marchait sur Paris; mais, information prise, on apprit en dernier lieu qu'un mal de pied l'avait empêché de monter à cheval, et qu'il n'y avait de lui en réalité que trois proclamations de cinq cents lignes chacune.

Dans ce moment, car les rêves, les révolutions et les morts vont vite, je vois un second soulèvement à Paris contre le Conseil municipal. Des bourgeois armés de gourdins, suivis d'un tas de socialistes mécontents pour n'avoir pas été mis à la tête du *Protectorat*, pénètrent dans l'Hôtel de Ville et massacrent tous les hommes qui s'y trouvent, grands et petits, gros et menus. Il se forme un nouveau gouvernement provisoire qui commence par nommer un dictateur. Ce dictateur est un général en chef. Je crois avoir entendu le nom de Négrier. On cache au peuple que l'Allemagne, l'Autriche et l'Italie mobilisent leurs armées pour marcher sur la France et sur Paris. On dit que tous ces rois avaient obtenu la neutralité de l'empereur de Russie. Mais, avant d'aller aux frontières et de faire face à l'ennemi, des placards, des affiches demandent la mort de tous les traîtres à la patrie à l'intérieur. Les traîtres, ce sont tous les riches, tous ceux qui possèdent quelque chose dont une grande partie sont déjà morts et dont les autres sont complètement ruinés. Heureusement l'armée arrive, et, en marchant vers la frontière, elle balaye devant elle toutes ces fripouilles de rebuts humains, ramassis de souteneurs, de récidivistes et d'escarpés!

Il arrive en même temps plusieurs dépêches, vraies ou fausses, qui produisent un enthousiasme indescriptible. En voici le contenu :

On mande de la Styrie que l'empereur d'Allemagne, Guillaume II, dans une chasse au chamois avec l'empereur d'Autriche, en poursuivant une de ces bêtes, est tombé du haut d'un rocher dans un précipice et s'est tué du coup. On a eu de la peine à ramasser les morceaux, bons pour être embaumés!

Une autre dépêche se crie! Elle annonce que l'Empereur de Russie est devenu fou enragé, et qu'on a été forcé de nommer son fils régent à sa place. Sa folie consiste en ce que ce monarque se croit haché menu en chair à pâté par des Juifs, afin d'avoir son sang pour le manger dans leurs pains azymes. On se rappelle, à ce sujet, qu'étant prince impérial, l'empereur a fait une pension à un journaliste qui, dans une brochure, avait prétendu que les Juifs ne mangeaient de ce pain que pétri avec du sang chrétien. Depuis ce temps, cette croyance s'est collée aux parois de son cerveau comme une lèpre, et elle vient de dégénérer en cancer de folie incurable. On dit que la régence, composée entièrement de Slavophiles, a déclaré à l'Allemagne qu'elle marcherait sur elle, si l'Allemagne marchait sur la France !

Une troisième dépêche annonce, en trois lignes, que le roi Humbert, au moment de monter à cheval pour se mettre à la tête de l'armée marchant sur la France, vient d'être assassiné par un républicain qui, après ce régicide, s'est brûlé lui-même la cervelle.

Enfin, il y a un gouvernement et toute l'armée, dont les vieux généraux viennent d'être remplacés par de plus jeunes, marche en colonnes mobilisées vers la frontière, prête à vaincre ou à mourir !

Il s'est formé deux régiments de femmes qui demandent à être placées aux premiers rangs de la première bataille. J'en ai vu, de

de ces nobles et fières créatures, armées jusqu'aux dents !

Elles étaient superbes et à croquer !

Enfin, je pars moi-même pour la guerre.
Arrivé à Meaux, je rencontre, devinez qui ?
Rochefort, qui allait s'en aller. Nous échan-
geons de gros mots, nous nous colletons
dans la gare, je ne le lâche pas, et nous
tombons tous deux sur les rails au moment
où passe une locomotive. Cette locomotive,
en écrasant Rochefort, me sépare la tête du
tronc. Je vois cette tête, ma pauvre chère
tête, rouler entre les rails, et un aiguilleur
qui la ramasse. Rendez-moi ma tête ! lui
criai-je, tout en tenant Rochefort de mes
deux mains, je veux ma tête ! Mais j'avais
beau crier, on ne me rendit pas ma tête.
Ma tête est perdue à tout jamais, mais je
n'ai pas lâché Rochefort !

Paris. — Imprimerie A. WARMONT (Palais-Royal).